# COMMUNICATION

RELATIVE

## A LA RÉVISION DU TARIF DOUANIER

FAITE PAR

## M. E. VINCIENNE,

Meunier à Vitry-en-Perthois,
Membre de la Chambre de Commerce de Reims.

VITRY-LE-FRANÇOIS

Typographie PESSEZ et Cᵉ, rue Dominé de Verzet, 13.

1884

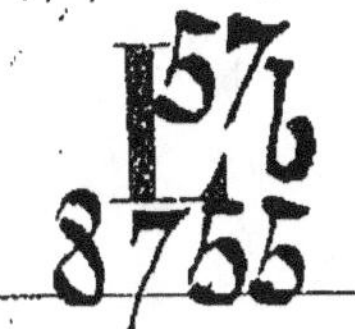

—

# COMMUNICATION

RELATIVE

## A LA RÉVISION DU TARIF DOUANIER

FAITE PAR

## M. E. VINCIENNE,

Meunier à Vitry-en-Perthois,
Membre de la Chambre de Commerce de Reims.

VITRY-LE-FRANÇOIS

Typographie PESSEZ et Cᵉ, rue Dominé de Verzet, 13.

—

1884

# COMMUNICATION

FAITE

## A la Chambre de Commerce de Reims

AU SUJET DU

## Remaniement du Tarif douanier

Le 5 Novembre 1884.

MESSIEURS,

Dans l'exposé semestriel, de la situation commerciale dans l'arrondissement de Vitry, que j'eus l'honneur de vous soumettre au mois de juin ; je signalais la mauvaise situation de l'agriculture ; et, en indiquant par des chiffres officiels, le montant de nos importations et de nos exportations en farines depuis 1875, je vous disais que le Parlement serait bientôt appelé à prendre une décision, au sujet des mesures à adopter, pour essayer d'enrayer le mal, et ne pas laisser compromettre davantage des intérêts, desquels dépend la prospérité du pays tout entier.

Depuis cette époque, des plaintes venant de tous les départements producteurs, ont été adressées aux ministres et aux représentants de ces départements.

Une pétition demandant « *que le tarif général douanier soit immédiatement augmenté, sur toutes les matières non soumises aux traités de commerce, d'une façon telle, que l'agriculture française puisse lutter contre la production étrangère* » fut en très-peu de temps couverte de signatures.

Vous connaissez aussi les démarches faites dans le même sens, par un nombre considérable de Sociétés d'agriculture, près des ministres compétents.

Quelques Conseils généraux, ont, dans leur session d'avril, émis des vœux analogues, et la Chambre syndicale des grains, graines, farines et huiles, de Paris, avait, dès le mois d'avril dernier, pris une délibération, demandant également une augmentation sur les farines, blés et autres céréales de provenance étrangère.

La Chambre de Commerce de Dijon, sur la proposition de l'un de ses membres, dans sa séance du 7 avril 1884, émettait le vœu « *qu'un droit « ad valorem » inversement proportionnel au prix des blés et farines soit établi à leur entrée en France sur les blés et farines de provenance étrangère.* »

Toutes ces plaintes, toutes ces réclamations, ont été portées devant la Chambre des députés.

Une Commission parlementaire a été nommée pour les examiner.

Avant de se prononcer et d'indiquer les moyens qui lui paraîtraient de nature à résoudre — dans la mesure du possible — le problème qui lui est posé, la Commission a tenu à s'entourer de renseignements précis ; et les Chambres de Commerce sont naturellement appelées des premières à donner leur avis.

Je vous ai indiqué, Messieurs, dans l'exposé auquel j'ai fait allusion tout-à-l'heure, quels ont été, année par année, depuis 1875, les chiffres d'importation et d'exportation des farines.

Alors que l'année 1875 nous donne à l'exportation un chiffre de 2,144,710 quintaux métriques ; nous n'exportions en 1883 que 122,823 quintaux.

Notre chiffre d'importation qui n'était en 1875 que de 28,838 quintaux, a atteint en 1883 celui de 430,890 quintaux.

Pour les blés et farines, l'importation en France de 1878 à fin juillet 1884 est supérieure de 95,804,445 quintaux à l'exportation, soit en moyenne 15,967,480 quintaux par année.

Dans un rapport adressé à la chambre syndicale des grains et farines de Paris, l'un de ses membres constatait, d'après des statistiques officielles que la production du blé avait baissé en France, et notamment depuis 1875, et que cette diminution nous rendait chaque année, d'une manière plus étroite, tributaires de l'étranger, auquel il fallait demander la différence entre la production et la consommation.

Cette diminution de la production était attribuée à la routine de nos cultivateurs, et à leur mauvais outillage cultural.

Il faut à notre avis en chercher les motifs ailleurs.

Par suite du peu de bénéfices réalisés par les propriétaires exploitant eux-mêmes leurs terres, et par les cultivateurs-fermiers, il est arrivé que beaucoup de terrains sont restés incultes, en raison de la difficulté de trouver des fermiers.

Autrefois, lorsque les domestiques de culture, tout en demandant un gage moins élevé, rendaient plus de services ; le petit propriétaire trouvait un bénéfice à ajouter quelques terres de ferme à celles qu'il possédait.

Aujourd'hui il n'en va pas de même.

A l'expiration des baux, il faut que le propriétaire consente à de fortes diminutions sur les anciens prix de fermage, s'il ne veut pas voir ses terres rester en friche, dans le cas où il lui serait impossible de les faire valoir lui-même.

Il arrive même souvent, que le fermier

voulant en finir avec la difficulté de se faire
servir, s'en tient à  la culture de son héri-
tage si modeste soit-il ; parce qu'il peut le
faire valoir par lui et par les siens.

Ces faits sont connus de tous, et il  n'est
pas besoin d'insister pour en faire compren-
dre toute la gravité.

Les terres ainsi abandonnées, ne donnent
rien à la production nationale ; et les diffé-
rences  constatées  peuvent  parfaitement
provenir, de ce que la  superficie  cultivée
diminue un peu chaque année.

La  production  pourrait  donc  être  aug-
mentée, et nous aurions alors moins à demander aux pays étrangers.

Mais dans une certaine mesure nous res-
terons toujours  leurs  tributaires ; et  c'est
ici que le désaccord commence,  entre  les
partisans des droits compensateurs et ceux
du libre-échange.

Tout d'abord,  il  faut  définir  le  libre-
échange, et nous croyons qu'on peut le faire
de la manière suivante :

« La liberté d'aller chercher où on pro-
duit mieux et à meilleur  marché, ce dont
on a besoin, et par contre la liberté d'en-
voyer les produits de sa  récolte ou de son
industrie, là  où  on  peut  en  trouver  un
écoulement facile et rémunérateur. »

Ainsi compris  le  libre-échange ne sau-
rait rencontrer que des partisans. Mais ce
qu'on appelle  de  ce nom, ne réalise pas,

dans l'application, les promesses que l'on est en droit d'attendre de la véritable liberté des échanges.

Partout il faut compter avec les conditions de production, qui varient avec le prix, la division et la nature du sol, les impôts, la main-d'œuvre, et tous les frais — différents pour chaque pays — résultant de la possession ou de la transmission de la propriété, et ces conditions sont, pour la France, plus onéreuses que partout ailleurs. En outre, nous voyons les puissances avec lesquelles nous avons signé des traités de commerce, faire payer aux blés et farines venant de France, des droits variant de 1,40 à 4 fr. pour 100 kilog. de blé, et de 2,75 à 9 fr. pour 100 kilog. de farine.

Seuls, les pays produisant peu ou point, qui sont obligés de demander à l'étranger la plus grande partie de leur approvisionnement, font exception à la règle ; tels sont l'Angleterre, la Belgique, le Danemark, la Suède et les Pays-Bas. La Suisse et la Norwège perçoivent un droit des plus modestes sur le blé ; et, sur la farine, une somme à peu près équivalente à celle qui est perçue en France.

La Russie ne demande rien à l'entrée pour les blés étrangers, mais frappe les farines d'un droit de 2 fr. 44.

Est-il donc équitable, alors que les conditions de production en France sont généralement plus défavorables que dans les autres pays, de recevoir, presque en franchise, les céréales et farines qui nous viennent du dehors, alors que la réciprocité ne nous est pas accordée.

Le libre-échange ainsi compris n'est qu'un leurre ; et il nous paraît indispensable de modifier nos tarifs douaniers dans le sens de l'augmentation.

Dans quelle mesure faut-il les augmenter, et qui supportera cette augmentation ? C'est ce que nous allons examiner.

Pour le chiffre à adopter il est bien difficile de le fixer.

La commission parlementaire pourra l'établir, en se basant sur les indications que ne manqueront pas de lui donner les sociétés d'agriculture.

Quant à déterminer qui supportera réellement les droits qui devront être appliqués, nous pouvons affirmer que le producteur étranger en paiera la plus grande partie.

A l'appui de cette affirmation, nous vous citerons les tableaux comparatifs du prix du pain à Nancy et à Metz, pendant les années 1881-82-83, alors que dans cette dernière ville les farines avaient à supporter un droit d'entrée de fr. 2,50 par quintal du 1er janvier au 21 juin 1881 et de fr. 3,75 à dater de cette époque.

Or la moyenne donne :

Pour Metz...................... 0,4013
Pour Nancy .................... 0,4008

Différence en plus pour Metz  0,0005

Ce qui, sur la consommation moyenne de chaque habitant, donne une augmentation tout à fait insignifiante.

De cette comparaison il résulte : que la presque totalité du droit d'entrée serait payée par la marchandise, et que le consommateur français ne verrait pas sensiblement augmenter ses charges.

Il n'y a d'ailleurs pas lieu de craindre le défaut d'approvisionnement.

Les blés indiens et américains qui viendront dans une grande proportion, remplir les vides que nous pourrions avoir à combler ; soit par suite d'une récolte insuffisante ou mauvaise ou tout autre motif, nous arriveront toujours, quel que soit le prix auquel les blés seront cotés en France; et nous donnons pour preuve de ce que nous avançons, les prix pratiqués actuellement. Ces prix sont des plus bas, ce qui n'empêche pas les blés de l'Inde et de l'Amérique d'arriver sur nos marchés.

Aussi, ne considérons-nous les droits à demander que comme des droits fiscaux dont bénéficierait le Trésor. Les ressources ainsi obtenues pourraient être employées soit à des dégrèvements promis depuis longtemps, soit à faire face à de nouvelles charges, sans avoir recours de nouveau aux contribuables, soit enfin à amortir notre dette, à l'exemple que nous ont donné les Etats-Unis d'Amérique après la guerre de sécession.

Si la Chambre adopte les motifs et conclusions de la communication qui vient de lui être faite, nous proposons comme conséquence d'émettre le vœu :

1° Que dans un but d'égalité et de réciprocité nos tarifs douaniers soient remaniés pour tout ce qui touche les produits agricoles, dans le sens de l'augmentation.

2° Que ce remaniement soit fait au plus tôt, en ce qui concerne les blés et les farines.

3° Que le droit à percevoir sur les farines, soit calculé de manière à ce qu'il n'y ait pas avantage pour l'étranger à importer des farines plutôt que du blé.

4° Que l'augmentation des ressources douanières obtenue par ce remaniement, soit employée à diminuer les charges qui pèsent sur les contribuables, ou ce qui reviendrait au même, à l'amortissement de la dette publique.

## Délibération.

Après cette lecture, écoutée avec le plus vif intérêt, la discussion s'engage sur cette question et chacun des membres présents y prend part.

La Chambre des députés étant actuellement saisie du projet de loi relatif aux droits d'entrée sur les bestiaux, et l'augmentation relative aux droits d'entrée des blés et farines devant lui être prochainement soumise, la chambre estime qu'il y a urgence à se prononcer sur ces questions importantes.

Le libre-échange sans réciprocité doit être considéré comme une protection accordée à l'industrie et à l'agriculture étrangères, et ne peut avoir aujourd'hui de partisans que parmi les théoriciens qui ne tiennent aucun compte des conditions économiques afférentes à chaque nation.

Le libre-échange absolu n'a jamais été la doctrine de la Chambre et, elle estime que des relèvements modestes de notre tarif douanier suffiront pour rétablir l'égalité entre nos producteurs et ceux de l'étranger sans qu'il y ait à craindre de charges trop lourdes pour le consommateur.

Toutefois, l'augmentation du droit sur les bestiaux ne lui paraît pas nécessaire,

le prix de la viande étant déjà très-élevé ;
mais un relèvement qui porterait à 1 fr. 25
le droit d'entrée sur les blés et à 3 fr. seu-
lement le droit par quintal sur les farines
lui paraît bien suffisant pour égaliser les
conditions de la production nationale vis-à-
vis de l'étranger, sans nuire à la consommation indigène et sans qu'il y ait lieu de
craindre un défaut d'approvisionnement.

Vitry-le-François, Typographie PESSEZ et Cᵉ.

www.ingramcontent.com/pod-product-compliance
Lightning Source LLC
LaVergne TN
LVHW021738030726
842523LV00004B/1499